50 Jugos para Adelgazar:

¡Luce más delgado en 10 días o menos!

Por

Joseph Correa

Nutricionista Deportivo Certificado

DERECHOS DE AUTOR

© 2016 Finibi Inc

Todos los derechos reservados

La reproducción o traducción total o parcial de este trabajo, más allá de los límites permitidos por la sección 107 o 108 del Acta de Derechos de 1976 de los Estados Unidos sin el permiso del propietario del derecho es ilegal.

Esta publicación fue diseñada con el propósito de brindar información precisa y autorizada en relación con la temática tratada. El material se comercializa con el entendimiento de que ni el autor ni el editor se encuentran comprometidos en la prestación de asistencia médica. Si necesita asistencia o asesoramiento médico, consulte con un médico. El presente contenido constituye solo una guía y no debe utilizarse de ninguna manera que pudiera perjudicar su salud. Consulte con un profesional médico antes de comenzar cualquiera de las prácticas de meditación o visualización que se muestran a continuación, con el objeto de asegurarse de que son actividades saludables para ti.

AGRADECIMIENTOS

La realización y el éxito de este libro no serían posibles sin la motivación y el apoyo de toda mi familia.

50 Jugos para Adelgazar:

¡Luce más delgado en 10 días o menos!

Por

Joseph Correa

Nutricionista Deportivo Certificado

CONTENIDO

Derechos de autor

Agradecimientos

Sobre el autor

Introducción

50 Jugos para Adelgazar: ¡Luce más delgado en 10 días o menos!

Otros grandes títulos de este autor

SOBRE EL AUTOR

Como nutricionista deportivo certificado, honestamente, creo en los efectos positivos que puede tener la nutrición sobre el cuerpo y la mente. Mi conocimiento y experiencia me han ayudado a vivir más saludable a lo largo de los años, y lo he compartido con familiares y amigos. Cuanto más sepas acerca de comer y beber saludablemente, más rápido cambiarás tu vida y hábitos alimenticios.

La nutrición es una parte clave en el proceso de estar sanos y sentirnos vivos, y tú puedes comenzar hoy mismo.

INTRODUCTION

"50 Jugos para Adelgazar" te ayudará a perder peso de forma natural y eficiente. Éstos no deben reemplazar a las comidas, pero deben complementarlas naturalmente día a día.

Estar demasiado ocupado para comer bien, a veces puede convertirse en un problema y es por ello que este libro te ahorrará tiempo ayudándote a nutrir tu cuerpo para lograr las metas que deseas.

Este libro te ayudará a:

-Perder peso rápido.

-Reducir la grasa.

-Tener más energía.

-Acelerar naturalmente tu metabolismo para estar en línea.

-Mejorar tu sistema digestivo.

Joseph Correa es un nutricionista deportivo certificado y atleta profesional.

50 JUGOS PARA ADELGAZAR

1. Mix de jugo de manzana

Este es un gran jugo para antes de hacer ejercicio o después de la cena, y es una manera de ayudarte a perder peso. Y ¿por qué? Las manzanas son bajas en calorías y su fibra ayuda a sentir saciedad durante más tiempo, porque se expande en el estómago, lo que significa menos calorías en tu organismo. El jugo del pepino es muy rico en agua, y sabes que el agua es importante para bajar de peso. En un reciente estudio, se demostró que los adultos que consumen más agua perdieron 4 libras de peso en relación a otros.

• Manzana: Mejora la salud neurológica

• Pepino: ayuda en la pérdida de peso y la digestión

• Limón: ayuda a reducir el dolor y la inflamación en las articulaciones y las rodillas

• Naranja: regula la presión arterial alta

• Plátano: desempeña un papel en la preservación de la memoria y eleva tu estado de ánimo

Ingredientes:

- Manzana - 1 mediana 162g

- Pepino (301g)

- Limón - 1/2 fruta 25g

- Naranja – 1 grande 154g

- Banana - 1 mediana 150 g

Cómo preparar:

- **Lava todos los ingredientes. Pela si es necesario.**

- **Licúa todos juntos para conseguir una bebida deliciosa.**

Cantidad total de calorías: 280

Vitaminas: vitamina A 27µg, vitamina C 101.2 mg, calcio mg 108, vitamina B-6 0 mg, vitamina E 1,54 mg, vitamina K 49.7µg

Minerales: Cobre 0.418 mg, magnesio 52 mg, fósforo 137 mg, selenio 2.1µg, Zinc mg 1,07

2.   Fruta Manía

Degusta este jugo impresionante, que no sólo es delicioso sino que también te ayudará a perder peso más rápidamente y limpiar tu cuerpo. Ingredientes como la pimienta de Cayena pueden ayudar a avivar tu fuego metabólico. El mango, "la fruta de la India", como se le llama a veces, tiene una gran cantidad de nutrientes, y es una fuente superior de betacaroteno y vitamina C. Eso significa, a más nutrientes, menos tienes que comer por comer. Así que asegúrate de agregar este jugo a tus comidas diarias.

- Manzana: protege el cuerpo de los efectos de los radicales libres

- Pimienta de Cayena: posible agente contra el cáncer

- Mango: mejora la digestión

- Naranja: alcaliza el cuerpo

- Plátano: disminuye la presión arterial

Ingredientes:

- Manzana – 1 grande 213g

- Pimienta de cayena (picante) 1 pizca de 0,11 g

- Mango (pelado) - 1 fruta (sin grano) 316g

- Naranja (pelada) - 1 grande 154g

- Banana (pelado), 1 mediana 150 g

Cómo preparar:

- **Lava todos los ingredientes. Pela si es necesario.**

- **Licúa todos juntos para conseguir una bebida deliciosa.**

Número total de calorías: 265

Vitaminas: vitamina A 128µg, vitamina C 122.1 mg, vitamina B-6 0.409 mg, vitamina E 2.38 mg, vitamina K 12.1µg, 68 mg, hierro 0,72 mg de calcio

Minerales: Cobre 0.319 mg, magnesio 41 mg, fósforo 68 mg, selenio 1.9µg, 0,31 mg Zinc

3. Jugo mágico de manzana

Este es otro delicioso jugo que te ayudará a mejorar tu estilo de vida y acelerar la manera en que pierdes peso. Las zanahorias combaten la grasa debido a su contenido en fibra, más de la mitad es fibra soluble de calcio, PECTATO. Esto ayuda a reducir los niveles de colesterol en sangre mediante la eliminación de ácidos biliares. Al final, eliminará de la circulación sanguínea la mayor cantidad de ácidos biliares, y esto reducirá su colesterol. También ayuda a eliminar el exceso de líquidos del cuerpo. Disfruta de este jugo e inclúyelo en tu rutina diaria. Te dará resultados positivos.

- Manzanas: previenen la demencia

- Zanahorias: previenen el accidente cerebrovascular

- Raíz de jengibre: ayuda a controlar la frecuencia cardíaca

- Limón: evita el crecimiento y la multiplicación de bacterias patógenas

- Mango: ayuda a equilibrar la diabetes

Ingredientes:

- Manzanas - 1 mediana 180g

- Zanahorias - 2 medio 112g

- La raíz de jengibre - 1/2 pulgar 10g

- Limón (pelado) - 1/2 fruta 25g

- Mango (pelado) - 1/2 fruta 70 g

Cómo preparar:

- **Lava todos los ingredientes. Pela si es necesario.**

- **Licúa todos juntos para obtener una bebida deliciosa.**

Número total de calorías: 161

Vitaminas: vitamina A 521µg, vitamina C 17,9 mg, calcio 30 mg, hierro 0.53 mg, vitamina B-6 0.212 mg, vitamina E 1.02 mg, vitamina K 12.9µg

Minerales: Cobre 0,114 mg, magnesio 21 mg, fósforo 54 mg, selenio 0.1µg, Zinc 0.25 mg.

4. Jugo adelgazante y regulador de presión

Esta es una receta de jugo simple, muy efectiva para bajar de peso. El col no se consume tanto como debería y es una gran fuente de vitamina C con un alto contenido de fibra. Las peras son también una buena fuente de fibras. Estudios recientes han demostrado que si comes más de tres peras al día, consumirás menos calorías y perderás más peso. También tienen un nivel muy alto de fructosa y glucosa; Esto proporciona una fuente natural de energía. Las peras contienen boro y esto ayuda al cuerpo a retener calcio, haciéndolo más saludable. Es una buena receta para ti y tu familia.

- Manzana: reduce el riesgo de diabetes
- Col: ayuda a bajar la presión arterial
- Limón: ayuda a curar el resfriado común
- Peras: previenen el cáncer

Ingredientes:

- Manzana - 1 mediana 180 g
- Repollo (rojo) - 3 hojas de 72g
- Limón (con cáscara) - 1/2 fruta 27g
- Peras – ½ fruta 346g

Cómo preparar:

- **Lava todos los ingredientes. Pela si es necesario.**

- **Licúa todos juntos para obtener una bebida deliciosa.**

Número total de calorías: 205

Vitaminas: vitamina A 29µg, vitamina C 48.1 mg, tiamina 0.059 mg, vitamina B-6 0.213 mg, vitamina E 0.3 mg, vitamina K 33.6µg, 52 mg de calcio

Minerales: Cobre 0.203 mg, magnesio 27 mg, fósforo 50 mg, selenio 0.6µg, Zinc 0,3 mg.

5. Súper jugo de espinaca

La espinaca es una excelente fuente de fibra para nuestro sistema digestivo. Es un agente limpiador que elimina residuos que se han acumulado con el tiempo en el tracto digestivo. Debido a su efecto laxante en el cuerpo, también mejorará las funciones de los tractos. El limón siempre ha sido un gran ingrediente cuando se intenta perder peso, así como las manzanas, ya que ayudan a disminuir el colesterol. Es un delicioso jugo que puedes disfrutar en cualquier momento.

- Apio: le ayuda a calmarse
- Limón: facilita la producción de jugos digestivos
- Pera: ayuda a fortalecer tu sistema inmune
- Naranja: regula la presión arterial alta
- Espinacas: mantienen saludable la piel y el cabello
- Manzanas: bajan el colesterol malo

Ingredientes:

- Apio – 3 tallos, grande 206g
- Limón (pelado) – ½ fruta 25g
- Pera - 1 mediana 170g

- Naranja (pelada), 1 grande 180g

- Espinacas – 4 puñados 100g

- Manzanas – 2 medianas 350g

Cómo preparar:

- **Lava todos los ingredientes. Pela si es necesario.**
- **Licúa todos juntos para una bebida deliciosa.**

Número total de calorías: 243

Vitaminas: vitamina A 406µg, vitamina C 107.2 mg, calcio 219 mg, hierro 3.16 mg, Cl 45.9 mg, vitamina B-6 0.56 mg, vitamina K 413.5µg

Minerales: Cobre 0.253 mg, magnesio 114 mg, fósforo 121 mg, selenio 1.3µg, Zinc 0,67 mg.

6.   Jugo maravillosa frescura

Si tu objetivo es perder peso, prueba esta receta, te llevará en la dirección correcta. Las remolachas son una gran manera de limpiar la sangre, fortalecer la vesícula biliar y el hígado. Ayudan al hígado a limpiar y a soltar bilis, más las zanahorias que potenciarán tu sistema inmunológico, logrando un cuerpo sano. También contienen betacaroteno, que se conoce por reducir el riesgo de varios cánceres. Los nutrientes contenidos en este jugo te proporcionarán una gran cantidad de fibra y fácilmente pueden reemplazar una comida si es necesario, pero con la ventaja de tener menos calorías. Esta es una receta deliciosa que debes agregar en tu vida diaria.

• Remolacha: colabora en la desintoxicación

• Banana: reduce el riesgo de leucemia

• Zanahorias: mejoran la visión

• Pimienta: previene la migraña, o dolor de cabeza

Ingredientes:

• Remolacha - 1/2 remolacha 40g

• Banana: 1 mediana 150g

- Zanahorias - 3 grandes 206g

- Pimiento (rojo dulce) - 1/2 mediano 54g

Cómo preparar:

- **Lava todos los ingredientes. Pela si es necesario.**

- **Licúa todos juntos para una bebida deliciosa.**

Número total de calorías: 85

Vitaminas: vitamina A 1128µg, vitamina C 59.5 mg, calcio 51 mg, Cl 13.4 mg, folato 61µg, vitamina B-6 0.319 mg, vitamina E mg 1,27

Minerales: Cobre 0.047 mg, 25 mg de magnesio, 65 mg de fósforo, selenio 0.3µg, Zinc mg 0,46.

7. Fuente de la vida

Esta es una receta de jugo saludable y apetitoso, que te ayudará a perder peso. Las remolachas son muy útiles para ayudar al hígado a limpiar, lo que significa que el hígado ayudará a metabolizar la grasa más eficazmente. El hígado recibirá un impulso adicional de zanahorias, ya que tienen características de gran alcance para la desintoxicación. También eliminan el exceso de líquidos en el cuerpo. Las naranjas tienen unas 59 calorías por fruto; son libres de grasas y ricas en fibras. Realmente ayudan a soltar esos kilos de más. Sólo buenos resultados pueden obtenerse bebiendo este jugo.

- Manzana: potente antioxidante natural

- Remolacha: combate la inflamación

- Zanahorias: reducen el riesgo de cáncer de pulmón

- Perejil: excelente depurador de la sangre

- Naranja: proporciona carbohidratos inteligentes

Ingredientes:

- Manzana- 1 mediana 180g

- Remolacha - 1/2 remolacha 40g

- Zanahorias - 3 medianas 170g

- Perejil - 1 puñado de 40g

- Naranja (pelada) - 1 mediana 140 g

Cómo preparar:

- **Lava todos los ingredientes. Pela si es necesario.**

- **Licúa todos juntos para conseguir una bebida deliciosa.**

Número total de calorías: 110

Vitaminas: vitamina A 1012µg, vitamina C 34.8 mg, calcio 109 mg, hierro 2.38 mg, vitamina B6 0,14 mg, vitamina E 1,24 mg, vitamina K 305.2µg

8. Banana Max Juice

Vamos a ver si este delicioso jugo se adapta a sus necesidades. Lo bueno de los zumos es que te dan todos los nutrientes que necesitas. La idea es que comas menos y tengas menos ansias de comida chatarra. EL apio es rico en calcio y ayuda a controlar la presión arterial alta. No olvidemos que el jengibre ayuda a digerir los alimentos grasos, y agregar jugo de limón a cualquier bebida ayudará a acelerar la pérdida de peso. Disfruta de este jugo cuando lo desees. Puede substituir fácilmente cualquier snack.

• Banana: soporte de la salud cardíaca.

• Col: alta en azufre, el mineral del embellecimiento

• Apio: contiene sales

• Vinagre de sidra: Mata patógenos, incluyendo bacterias

• Raíz de jengibre: controla la presión arterial

• Uvas: reducen el riesgo de cáncer

Ingredientes:

• Banana (pelada), 1 mediana 150g

• Repollo (rojo) – ¼ cabeza, mediana 201 g

- Apio – 2stalks, 142g

- Vinagre de sidra (manzana) – 1 cucharada 14,9 g

- La raíz de jengibre, 1 pulgar 24g

- Uvas-14 uvas 80g

Cómo preparar:

- **Lava todos los ingredientes. Pela si es necesario.**

- **Licúa todos juntos para una bebida deliciosa.**

Número total de calorías: 130

Vitaminas: vitamina A 108µg, vitamina C 98 mg, vitamina B-6 0.429 mg, vitamina E 0,64 mg, vitamina K 74.3µg, niacina 945 mg, calcio mg 142

Minerales: Cobre 0.211 mg, magnesio 54 mg, fósforo mg 107, 1.2µg, cinc 0,4 mg selenio.

9. Jugo fresco

Nuestro estilo de vida moderno nos hace tomar decisiones equivocadas muchas veces, sobre todo cuando se trata de la dieta. Esta es una receta de jugo que toma unos pocos minutos para prepararse, y te dará un comienzo saludable en tu día. Los duraznos son bajos en calorías, lo que pueden ayudará a reducir calorías en tu alimentación. Las semillas de albahaca son una gran fuente de fibra, y tienen una buena reputación en la pérdida de peso. Albahaca: Reduce la inflamación y la hinchazón

- Zanahorias: son un potente antiséptico

- Duraznos: disminuyen el riesgo de cáncer

- Manzana: protegen las células neuronales contra el estrés oxidativo

Ingredientes:

- Albahaca (fresca) - 3 hojas de 1,5 g

- Zanahorias - 14 medianas 854g

- Duraznos – 5 medianos 750g

- Media de manzana -1 180 g

Cómo preparar:

- **Lava todos los ingredientes. Pela si es necesario.**
- **Licúa todos juntos para una bebida deliciosa.**

Número total de calorías: 352

Vitaminas: vitamina A 4079µg, vitamina C 75mg, calcio 208mg, mg Vitamina B-6 0.911, vitamina E 5,83 mg, vitamina K 76.9µg, colina 56,2 mg

Minerales: Cobre 0.621 mg, magnesio 102 mg, fósforo 290 mg, selenio 1.1µg, 2,25 mg de Zinc.

10. Jugo de frutas expreso

Este es un gran jugo que te ayudará a quitarte libras o kilos y aumentará tu energía. Los ingredientes utilizados en esta receta te ayudarán con la digestión.Es un estimulante de los jugos digestivos y bajará tu colesterol. Si consumes dos manzanas al día, disminuyes el colesterol en 17%, así que eso dice mucho. No olvidemos mencionar que está lleno de nutrientes y las calorías consumidas son bastante bajas. Así, obtienes el mismo resultado que una comida, pero en realidad consumes menos calorías. Es sin duda ideal para bajar de peso.

- Manzanas: reducen el riesgo de accidente cerebrovascular trombótico

- Zanahorias: limpian el organismo

- Limón: fortalece el hígado

- Duraznos: apoyan la salud de tu cuerpo

- Banana: baja la presión arterial

Ingredientes:

- Manzanas - 1 grande 200g

- Zanahorias, 8 medianas 500g

- Limón (piel externa cortar) - 1/2 fruta 40g

- Duraznos - 2 grandes 300g

- Banana (pelado) - 1 mediana 150g

Cómo preparar:

- **Lava todos los ingredientes. Pela si es necesario.**

- **Licúa todos juntos para una bebida deliciosa.**

Número total de calorías: 410

Vitaminas: vitamina A 3128µg, vitamina C 109. 8 mg, calcio mg 194, mg Vitamina B-6 0.819, vitamina E 4,44 mg, vitamina K 54.3µg, colina mg 55,7

Minerales: Cobre 0.412 mg, magnesio 94 mg, fósforo 206 mg, selenio 1.2µg, Zinc 1,37 mg

11. Jugo de oro

Este es el jugo perfecto para ti si te encuentras buscando algo para mejorar la línea de cintura. Uno de los beneficios de usar col rizada es que proporciona un gran golpe nutricional con menos calorías por porción. El apio ayuda a calmar el nerviosismo porque tiene alto contenido en calcio y ayudará en el control de la presión arterial. También reduce los niveles de colesterol debido a la pectina que se encuentra en las manzanas, por lo que este jugo puede convertirse en un verdadero amigo en la pérdida de peso.

• Manzana: reduce el riesgo de desarrollar cáncer, diabetes y enfermedades cardíacas.

• Apio: ofrece hasta un 10 por ciento de su necesidad diaria de vitamina A

• Pepino: ayuda a prevenir la diabetes, reduce el colesterol y controla la presión arterial.

• Raíz de jengibre: muy eficaz en el alivio de los síntomas de malestar gastrointestinal

• La col rizada: es un gran alimento antiinflamatorio

• Limón: ayuda a mantener tu sistema inmune

Ingredientes:

- Las manzanas - 2 medianas 364g
- Apio - 2 tallos, 128g
- Pepino - 1 290g
- La raíz de jengibre - 1 pulgar 20g
- La col rizada - 4 hojas (8-12 pulgadas) 120g
- Limón - 1/2 fruta 40g

Cómo preparar:

- **Lava todos los ingredientes. Pela si es necesario.**
- **Licúa todos juntos paraconseguir una bebida deliciosa**

Número total de calorías: 215

Vitaminas: vitamina B-6 0,77 mg, vitamina E 1.09 mg, niacina 2.637 mg, tiamina 0,315 mg, vitamina K 1128.7µg

Minerales: Cobre 2.47 mg, magnesio 119 mg, fósforo 207 mg, Zinc mg 1,65

12. Jugo energizante

Si estabas buscando un jugo que te ayudea rebajar peso, debes considerar –sin dudas- este. Las remolachas son una gran manera para purificar no sólo la sangre, sino también el hígado, lo cual importa porque ayuda a metabolizar la grasa, ayudando a deshacerse de ella más rápido. Las zanahorias te ayudan a eliminar exceso de líquidos del cuerpo, por lo que se reduce la retención de agua, especialmente para las mujeres. Recibirás un impulso de energía por el alto contenido en fibra, y será una manera saludable de recargar tu cuerpo.

• Remolacha: aumentar significativamente su resistencia

• Col: lleno de vitamina K, ayuda a la función mental y la concentración

• Zanahorias: previenen las enfermedades cardíacas

• Limón: desempeña el papel de depurador de la sangre

• Naranja: protege la piel

• Piña: previene el asma

• Espinacas: una de las mejores fuentes de potasio dietético

Ingredientes:

- Betabel - 1 remolacha 155g
- Repollo (rojo) - 2 hojas 40g
- Zanahorias - 2 medianas 143g
- Limón - 1/2 fruta 40g
- Naranja - 1 frutas 121g
- Piña - frutas 1/3 206g
- Espinacas - 2 puñados 50g

Cómo preparar:

- **Lava todos los ingredientes. Pela si es necesario.**
- **Licúa todos juntos para una bebida deliciosa**

Número total de calorías: 195

Vitaminas: 0,60 mg de vitamina B-6, vitamina E 1,58 mg, vitamina K μ g, 149,6 colina 43.8 mg, folato, niacina mg μ g 2 261, 136Minerals: 0,317 mg cobre, magnesio, fósforo, selenio mg 131 97mg 2.1 μ g, Zinc 1.22 mg

13. Jugo refrescante

Las remolachas ayudan a desintoxicar el cuerpo, por lo que este jugo es perfecto para un programa de pérdida de peso. Beber jugo de limón ayuda a relajar organismo y mente, reduciendo el estrés. Las zanahorias hacen un trabajo impresionante en el aumento de la producción de globulina, y que le ayuda a construir un sistema inmune más fuerte, que conduce a un cuerpo más fuerte.

- Manzanas: son muy ricas en antioxidantes importantes
- Remolacha: tiene efectos anti cancerígenos
- Zanahorias: alto nivel de betacaroteno actúa como antioxidante para prevenir el daño celular
- Limón: ayuda a la producción de jugos digestivos
- Naranja: lucha contra las infecciones virales

Ingredientes:

- Manzana – 1 mediana 152g
- Remolacha, 1 remolacha 165g
- Zanahorias – 10 medianas 560g
- Limón – ½ fruta 40g

- Naranjas (peladas), 2 frutas 242g

Cómo preparar:

- **Lava todos los ingredientes. Pela si es necesario.**

- **Licúa todos juntos para conseguir una bebida deliciosa**

Número total de calorías: 275

Vitaminas: vitamina B-6 0.945 mg, vitamina E 4.01 mg, vitamina K 60.8µg, colina 71,4 mg, folato 233µg, niacina mg 5,101

Minerales: Cobre 0,40 mg, magnesio 107 mg, fósforo 243 mg, selenio 2.3µg, Zinc mg 1,81

14. Jugo prueba de limón

Agregar jugo de limón a una bebida te ayudará a aumentar la pérdida de peso. Esta receta de jugo es ideal para una dieta de reducción de peso. Los limones ayudan a controlar la presión arterial alta y también son una gran fuente de vitamina C. Es mejor servirlo después de la cena y combinarlo con un estilo de vida activo. Todos estos ingredientes te ayudarán a bajar el colesterol y resolverán todos los problemas de indigestión.

• Arándano: neutraliza los radicales libres que pueden causar enfermedades y el envejecimiento

• Limón: ayuda a equilibrar los niveles de calcio y oxígeno en el hígado

• Granada: regenera células

Ingredientes:

• Arándano - 1 taza 128g

• Limón - 1/4 fruta 20g

• Granada - 1 Granada (262g

Cómo preparar;

• **Lave todos los ingredientes.**

• **La Granada puede ser agregada con la membrana unida, ahorras tiempo, y el sabor seguirá siendo grande.**

• **Licúa todos juntos para obtener una bebida deliciosa**

Número total de calorías: 168

Vitaminas: vitamina A 3µg, vitamina C 27mg, vitamina B-6 0.209 mg, vitamina E 1,6 mg, vitamina K 49.4µg, 21 mg de colina, ácido fólico 63µg

Minerales: Cobre 346 mg, magnesio 28 mg, fósforo 76 mg, selenio 1.2µg, 0,57 mg de Zinc

15. Jugo Siéntete vivo

Este es un jugo es maravilloso para aquellos de ustedes que les gusta la menta. El jengibre juega un papel importante en la reducción del colesterol LDL, porque es especial en reducir la cantidad total de colesterol que se absorbe. También ayuda con la digestión de alimentos grasos y descomposición de las proteínas. Las naranjas tienen un efecto alcalino en el sistema digestivo que estimula los jugos digestivos, por lo que, obtendrás un metabolismo más activo. Puedes darte una oportunidad, y te ayudará a deshacerte de aquellos kilos o librasdifíciles de perder.

• Bulbo de hinojo: tiene buenos niveles de potasio electrolito para un corazón saludable.

• Raíz de jengibre: contieneaceites esenciales que benefician la salud.

• Limón: equilibra y mantiene los niveles de pH en el cuerpo

• Naranja: reduce el riesgo de cáncer de hígado

• Menta: inhibe el crecimiento del cáncer de próstata

Ingredientes:

• Bulbo de hinojo (con las frondas) - bulbo de 1 hinojo 200g

- La raíz de jengibre - 1/2 pulgar 14g

- Limón - 1/2 fruta 25g

- Naranja (pelada) - 1 grande 160g

- Menta - 5 hojas de 0,25 g

Cómo preparar:

- **Lave todos los ingredientes. Pele si es necesario.**

- **Licúa todos juntos para una bebida deliciosa**

Número total de calorías: 84

Vitaminas: vitamina A 14µg, vitamina C 79,4 mg, vitamina B-6 0.144 mg, folato 66µg, niacina 1.358 mg, riboflavina mg 0,101

Minerales: Cobre 0.173 mg, magnesio 36 mg, fósforo 96 mg, selenio 2 mg, cinc 0,41 mg

16. Jugo Corazón de Manzana

Este jugo te ayudará a estar más saludable y perder peso al mismo tiempo. Los nutrientes de los jugos son absorbidos fácilmente por nuestro cuerpo y se generan un metabolismo más rápido. Las manzanas ayudan a bajar el colesterol debido a la pectina que contienen. Los limones siempre son buenos cuando se trata de quitar la grasa en tu cuerpo. Pensemos en este jugo como un amigo que nos ayudará a bajar de peso.

• Manzana: previene el cáncer de mama

• Arándano: reduce el riesgo de enfermedad cardiovascular

• Raíz de jengibre: tiene efectos antiinflamatorios

• Limón: previene la formación de arrugas y acné

Ingredientes:

• Manzanas - 3 medianas 500g

• Arándanos - 1/2 taza 50g

• La raíz de jengibre - pulgar de 1/4 g 6

• Limón - 1/2 fruta 42g

Cómo preparar:

- **Lave todos los ingredientes. Pele si es necesario.**

- **Licúa todos juntos para obtener una bebida deliciosa**

Número total de calorías: 204

Vitaminas: vitamina A 23µg, vitamina C 101.5 mg, hierro 0.68 mg, vitamina B-6 0.214 mg, vitamina E 1.19 mg, vitamina K 9.2µg, calcio mg 76

Minerales: Cobre 0.193 mg, magnesio 35 mg, fósforo 61 mg, selenio 0.7µg, Zinc 0.25 mg

17. Jugo A Toda Hora

Perder grasa es uno de los resultados de beber zumos naturales, y esta receta te encantará. El mayor beneficio del jengibre es que colabora en digerir alimentos grasos y las proteínas se descomponen. Las espinacas tienen alto contenido de fibra, que ayuda a obtener mayor energía con menos calorías. El apio es considerado por muchos, un alimento de calorías negativas y añadiendo apio a su dieta, aumentaras tus resultados de pérdida de peso sin tanto esfuerzo. Saborea, siente y déjatellevar con tu rutina de pérdida de peso.

• Manzanas: reducen el riesgo de accidente cerebrovascular

• Apio: facilita la digestión

• Pepino: alivia el mal aliento

• Raíz de jengibre: tiene efectos anti-microbióticos

• Limón: mantiene la salud de la vista

• Col: reductor de peso excelente

• Espinacas: prevención del cáncer

Ingredientes:

- Las manzanas - 2 medianas 350g
- Apio - 3 tallos grandes, 182g
- Pepino - 1 pepino 300g
- La raíz de jengibre - 1/2 pulgar 10g
- Fruta de 1/2 limón (cáscara) - 41g
- Limón (con cáscara) - 1 fruta 65g
- Espinacas - 2 tazas 50g

Cómo preparar:

- **Lave todos los ingredientes. Pele si es necesario.**
- **Licúa todos juntos para conseguir una bebida deliciosa**

Número total de calorías: 185

Vitaminas: vitamina A 648µg, vitamina C 198,9 mg, calcio mg 304, 0.422 vitamina B-6 mg, vitamina E 1.96 mg, vitamina K 1904.6µg, niacina 2,607mg

Minerales: Cobre 0.395 mg, magnesio mg 129, fósforo 201 mg, selenio 1.9µg, 2,04 mg de zinc

18. Jugo de Manzana y Limonada

Beber jugo es una excelente manera de obtener nutrientes concentrados en nuestro cuerpo. La siguiente receta es una gran ayuda al funcionamiento de nuestro sistema digestivo por la limpieza del estómago y los riñones que produce, conduciendo a un cuerpo más fuerte. Este jugo disminuye el colesterol debido a los ingredientes particulares que tiene. El jugo de sandía previene la obstrucción de las arterias y al mismo tiempo aumenta el HDL, que es el colesterol bueno. Esta es una gran bebida antes de cualquier rutina de ejercicios, es una excelente fuente de energía.

• Limón: aumenta la producción de jugos digestivos

• Tomate: mantiene la presión arterial

• Sandía: previene el asma

• Manzana: mejora la salud neurológica

Ingredientes:

• Limón - 1/2 fruta 40g

• Tomate - 1 grande 171g

• Sandía - 1 porción grande 560g

- Manzana – 1 mediana 175g

Cómo preparar:

- **Lave todos los ingredientes. Pele si es necesario.**
- **Licúa todos juntos para obtener una bebida deliciosa**

Número total de calorías: 135

Vitaminas: vitamina A 176µg, vitamina C 68.5 mg, vitamina B-6 0.326 mg, mg 0.98 de vitamina E, vitamina K 11.5µg, calcio, hierro mg 1,70 mg 58

Minerales: Cobre 0.264 mg, magnesio 57 mg, fósforo mg 69, 1.6µg, Zinc 0,61 mg selenio

19. Jugo Poder Verde

Los zumos son una gran manera de mantener sano nuestro cuerpo, y nos ayudan a ponernos en forma. Cada vez que mezcle verduras o frutas, serán increíblemente fáciles de absorber. Significa que serán incorporados todos los nutrientes vitales en el cuerpo a un ritmo mayor que las vitaminas u otros suplementos. Las zanahorias eliminan exceso de líquidos del cuerpo, y debido a la vitamina A y betacaroteno, este alimento puede reducir el riesgo de varios cánceres. Es una gran manera de proteger y nutrir tu cuerpo con una bebida.

• Manzana: disminuye los niveles de colesterol malo

• Col: ayuda a desintoxicar el cuerpo

• Zanahorias: previenen las enfermedades cardíacas

• Raíz de jengibre: contieneaceites esenciales que benefician la salud.

• Espinacas: contribuyen a la salud de los huesos

Ingredientes:

• Las manzanas - 2 medianas 364g

• Repollo (rojo) - 1/4 cabeza, 140g

- Zanahorias - 4 medianas 244g

- Jengibre raíz - 1/2 10 g

- Espinacas - 4 puñados 100g

Cómo preparar:

- **Lave todos los ingredientes. Pele si es necesario.**

- **Licúa todos juntos para conseguir una bebida deliciosa**

Número total de calorías: 200

Vitaminas: vitamina A 1818µg, vitamina C 120mg, vitamina B-6 0.73 mg, vitamina E 3.2 mg, vitamina K 404.1µg, calcio 198 mg, niacina mg 2,936

Minerales: Cobre 0.288 mg, magnesio mg 111, 161 mg de fósforo, selenio 1.7µg, Zinc 1,15 mg.

20. Inicio de mañana

Las personas están con la urgente necesidad de una alternativa saludable al consumo de alimentos procesados y artificiales, es por ello que muchas engordan porque no pueden controlar cuánto comen. Ciertos compuestos de la proteína de espinaca son beneficiosos en la disminución de la presión arterial alta. La pectina en las manzanas, peras y zanahorias disminuye los niveles de colesterol. El jengibre aumenta la circulación sanguínea, y debido a esta gran mezcla, se obtiene una alta cantidad de fructosa y glucosa, asegurándose de que poseas la energía necesaria para un día activo. Este jugo se puede disfrutar en la mañana o después de la cena; es una súper bebida para quienes buscan calidad alimenticia.

- Manzana: reduce el riesgo de diabetes
- Zanahorias: mantiene una piel rozagante y sana
- Pepino: reduce el colesterol y controla la presión arterial
- Raíz de jengibre: ayuda a mejora la motilidad intestinal
- Pera: beneficiosa para la salud del colon
- Espinacas: evita el estreñimiento y promover un tracto digestivo saludable

Ingredientes:

- Manzana - 1 mediana 180g
- Zanahorias - 5 medianas 300g
- Pepino - 1 pepino 300g
- La raíz de jengibre - 1 pulgar 24g
- Pera - 1 mediana 165g
- Espinacas - 2 puñados 50g

Cómo preparar:

- **Lave todos los ingredientes. Pele si es necesario.**
- **Licúa todos juntos para conseguir una bebida deliciosa**

Número total de calorías: 211

Vitaminas: vitamina A 1863µg, vitamina C 60.9 mg, vitamina B-6 0.545 mg, vitamina E 2.37 mg, vitamina K 220.1µg, calcio mg 151, 2,8 mg de hierro

Minerales: Cobre 0.408 mg, magnesio mg 104, 164 mg de fósforo, 1.2µg de Zinc, 1,28 mg selenio

21. Simplemente apio

El jugo es realmente, el arte de extraer el líquido y nutrientes de cualquier fruta o verdura. Ayuda a crear energía y vitalidad como algunas píldoras pueden hacerlo. Esta receta será la mejor manera en que puedes perder peso y al mismo tiempo darle todas las vitaminas y minerales que necesitatu cuerpo. El cuerpo humano es 75% agua, así que para la correcta función corporal, la digestión y la desintoxicación, la ingesta diaria recomendada es, alrededor de 2,5 litros. El agua es un elemento fuerte para soltar peso, entonces debesconcentrarte en beber mucho. Al contar con este jugo, obtendrás una porción concentrada de los requerimientos diarios de líquido que tu cuerpo necesita, nutrientes y fibra que te proporcionarán un gran impulso de energía durante todo el día.

- Manzanas: reducen el riesgo de diabetes
- Apio: reduce la inflamación
- Mandarina: cura cortes, heridas

Ingredientes:

- Las manzanas - 2 grandes 440g
- Apio - 8 tallos, grandes 510g

- Mandarina (pelado) - 1 pequeña 76g

Cómo preparar:

- **Lave todos los ingredientes. Pele si es necesario.**

- **Licúa todos juntos para conseguir una bebida deliciosa**

Número total de calorías: 180

Vitaminas: vitamina A 101µg, vitamina C 57.2 mg, calcio 162 mg, vitamina B-6 0.427 mg, 1.5 mg de vitamina E, vitamina K 101.7µg, colina 30 mg

Minerales: Cobre 0.217 mg, magnesio 61 mg, fósforo 127 mg, selenio 1.3µg, 0.45 mg de Zinc

22. Lleno de energía

Este jugo tiene una alta concentración de potasio y fósforo, que son necesarios para la función normal del cuerpo. El jugo de tomate sirve como un gran antioxidante y también mejorar la función digestiva. El alto contenido de vitamina C en esta bebida te ayudará a mantener la integridad estructural de los huesos. La cebolla es ideal para usar en cualquier receta, ya que tiene una proporción baja en calorías por fibras que es exactamente lo que usted necesita para quemar grasa en el cuerpo.

- Pepino: previene el cáncer

- Cebolla: limpia los radicales libres

- Perejil: condimento que fortalece el sistema inmunológico

- Pimienta: ayuda a aliviar las alergias

- Tomate: reduce el riesgo de cáncer de próstata

Ingredientes:

- Pepino - 1 pepino 300g

- Cebolla (primavera/cebolla de verdeo) - 1 mediana 15g

- Perejil - 1 puñado de 40g

- Pimiento (rojo dulce) - 1/2 medio 55g

- Tomates - 2 pequeños 180g

Cómo preparar:

- **Lave todos los ingredientes. Pele si es necesario.**

- **Licúa todos juntos para conseguir una bebida deliciosa**

Número total de calorías: 68

Vitaminas: vitamina A 260µg, vitamina C 126mg, calcio magnesio 102, 0.412 vitamina B-6 mg, vitamina E 2.06 mg, vitamina K 522.6µg, 90 mg de calcio

Minerales: Cobre 0.252 mg, magnesio 71 mg, fósforo mg 114, 0.7µg, Zinc 1,12 mg selenio

23. Zanahorias dulces

Las «Zanahorias dulces» te ayudarán a mantener tu cuerpo sano y perder peso al mismo tiempo. El jugo de pimiento ayudará significativamente en reducir el colesterol. Las zanahorias contienen betacaroteno que colaboran en la reducción de riesgo de cáncer. La gran cantidad de vitaminas y minerales que se encuentran en este jugo definitivamente acelerarán la frecuencia con que quemas grasas y comienzas a lucir más delgado.

• Zanahorias: reponen vitaminas

• Apio: facilita la digestión

• Pepino: gran fuente de vitaminas del grupo B

• Perejil: constructor de la gran sangre

• Pimienta: ayuda a producir saliva debido a la cayena

• Tomates: el ácido fólico en tomates puede ayudar con la depresión

Ingredientes:

- Zanahorias - 2 grandes 144g
- Apio - 3 tallos, grandes 192g
- Pepino - 1/2 pepino 150,5 g

- Perejil - 2 puñados 80g
- Pimiento (dulce verde) - 1/2 medio   58g
- Tomates - 3 enteros medianos 360g

Cómo preparar:

• **Lave todos los ingredientes. Pele si es necesario.**

• **Licúa todos juntos para obtener una bebida deliciosa**

Número total de calorías: 107

Vitaminas: vitamina A 1227µg, vitamina C 142.3 mg, vitamina B-6 0.642 mg, vitamina E 3.15 mg, vitamina K 1013.3µg, calcio hierro magnesio 5,55 212 mg,

Minerales: Cobre 0 mg, magnesio 105 mg, fósforo 200 mg, selenio 1.1µg, Zinc 1,80mg

24. Delicia de Limón

"Delicia de limón" combina saludables frutas y verduras en una sola bebida que te dará la sensación de estar lleno de energía y listo para un nuevo día. La pectina en las manzanas, puede reducir el colesterol en 15%. También, los pimientos ayudan a tu cuerpo a aumentar su metabolismo disminuyendo los triglicéridos, que realmente harán la diferencia en la pérdida de peso. Debes consumir este jugo para empezar el día y sentirás la diferencia al final de la jornada.

- Manzanas: ayudan en la pérdida de peso

- Cilantro: muy rico en numerosos anti-oxidantes

- Pepinos: Quita de mal aliento

- Limón: ayuda a eliminar toxinas

- Pimienta: remedio para el dolor de muelas

Ingredientes:

- Las manzanas - 2 medianas 360g

- Cilantro - 1 manojo de 90g

- Pepino - 2 pepinos 600g

- Limón (con cáscara) - 1/2 fruta 30g

- Pimiento (dulce verde) (sin semillas) - 1/2 medio 56g

Cómo preparar:

- **Lave todos los ingredientes. Pele si es necesario.**

- **Licúa todos juntos para conseguir una bebida deliciosa**

Número total de calorías: 179

Vitaminas: vitamina A 244µg, vitamina C 79,2 mg, vitamina B-6 0.442 mg, vitamina E 2.1 mg, vitamina K 227.6µg, 128 mg, hierro 2,68 mg de calcio

Minerales: Cobre 0.419 mg, magnesio 80 mg, fósforo 153 mg, selenio 1.8µg, 1,25 mg de Zinc

25. Zumo colorido

Creo que la pérdida de peso puede ser un reto para cualquier persona que no puede controlar cómo y qué come, pero con persistencia y una mentalidad fuerte se puede lograr cualquier cosa. El «Zumo colorido» le ayudará a acercarse a su objetivo. Los espárragos contienen 3 gramos de fibra que limpian rápidamente el aparato digestivo. En cuanto al apio, ayuda a calmar el ansia de comer dulces y a controlar la presión arterial alta. Contiene probióticos que estimulan selectivamente el crecimiento de bacterias buenas en el intestino, ayudando a la digestión. No olvidemos mencionar la gran cantidad de nutrientes que se absorben bebiendo este jugo. Esto es imprescindible, beber jugoses clave si deseas seriamente ponerte en forma.

• Espárragos: gran fuente de nutrientes

• Zanahorias: vitamina A ayudan al hígado en desintoxicar el cuerpo

• Apio: muy bajo en calorías, ideal para perder peso

• Manzana: regula el azúcar en la sangre

Ingredientes:

• Espárragos - 4 medianos 60g

- Zanahorias - 3 grandes 216g

- Apio - 2 tallos grandes 128g

- Manzana – 1 mediana 180g

Cómo preparar:

- **Lave todos los ingredientes. Pele si es necesario.**

- **Licúa todos juntos para obtener una bebida deliciosa**

Número total de calorías: 71

Vitaminas: vitamina A 1259µg, vitamina C 14,1 mg, calcio 87 mg, hierro 1,40 mg, vitamina B-6 0.302 mg, vitamina E 1.55 mg, vitamina K 61.5µg

Minerales: Cobre 0.173 mg, magnesio 31 mg, fósforo 81 mg, selenio 1.3µg, Zinc 0,61 mg.

26. Jugo de vacaciones

Los jugos son una manera fácil y divertida para obtener frutas y verduras en tu dieta. Esta receta es sana y deliciosa. Un gran beneficio es que posee col y posee un aporte nutricional importante con unas pocas calorías por taza, significa que te ayudará a reducir grasas más rápidamente. El jugo de limón ayuda a bajar el colesterol y quema grasas. Debes servir este jugo 30 minutos antes de cualquier comida para conseguir el máximo beneficio.

• Manzanas: contiene pectina y baja el LDL (colesterol malo)

• Apio: ayuda a controlar la presión arterial alta

• Pepino: contiene sílice, componente esencial del tejido conectivo sano

• Raíz de jengibre: mejora los efectos digestivos de los alimentos

• Col: ayuda a fortalecer un sistema inmune sano

• Limón: ayuda a curar problemas respiratorios

• Naranja: ayuda a estimular los glóbulos blancos para combatir las infecciones

Ingredientes:

- Manzanas - 3 medianas 540g
- Apio - 3 tallos, grandes 190g
- Pepino - 1/2 pepino 150,5 g
- La raíz de jengibre - 1/2 pulgar 10g
- Col rizada - 4 hojas 140g
- Limón - 1 fruta, 50g
- Naranja (pelada y sin semilla) - 1 grande 180 g

Cómo preparar:

- **Lave todos los ingredientes. Pele si es necesario.**
- **Licúa todos juntos para conseguir una bebida deliciosa**

Número total de calorías: 295

Vitaminas: vitamina A 531µg, vitamina C 212,8 mg, calcio 294 mg, hierro 2.31 mg, vitamina B-6 627 mg, vitamina E 1.3 mg, vitamina K 735.8µg

Minerales: Cobre 1.664 mg, magnesio 103 mg, fósforo mg 211, 2.4µg, Zinc 1,19 mg selenio

27. Poder de espinaca

"Poder de espinaca" puede reemplazar un aperitivo o incluso, parte de su desayuno en la mañana, si te encuentras realmente hambriento. Es una gran fuente de energía y nutrientes. Para tener un cuerpo más fuerte, necesitasque todas las funciones corporales trabajen eficientemente. Las remolachas han demostrado que ayudan a limpiar la sangre y a metabolizar la grasa. No olvidemos que son ricas en carbohidratos y una gran fuente de energía. El apio es una excelente fuente de vitamina C y es rico en fibra, que es importante para el cuerpo.

• Manzanas: bajan el riesgo de desarrollar cáncer de pulmón

• Remolacha: es un gran tratamiento para la leucemia

• Zanahorias: el consumo de sus Beta caroteno reduce riesgo de varios cánceres

• Espinacas: frenan la división celular cancerosa, en cáncer de mama

Ingredientes:

• Manzana - 1 mediana 180g

- Betabel - 1 remolacha 175g

- Zanahorias - 8 mediana 480g

- Espinacas - 3 tazas 90g

Cómo preparar:

- **Lave todos los ingredientes. Pele si es necesario.**

- **Licúa todos juntos para obtener una bebida deliciosa**

Número total de calorías: 190

Vitaminas: vitamina A 3074µg, vitamina C 50,5 mg, calcio, 218 mg, vitamina B-6 0.765 mg, vitamina E 3,05 mg, vitamina K 368.6µg, hierro mg 4,01

Minerales: Cobre 0.373 mg, magnesio 125 mg, fósforo mg 215, 2.1µg, Zinc 1,35 mg de selenio

28. Suplemento saludable

Para vivir mejor y sentirse bien es necesario mantenerse lejos de comida chatarra, para ello este jugo proporciona al cuerpo una gran cantidad de los nutrientes que requiere. Toma este jugo por la mañana como una gran fuente de energía, y ayudará a mantener tu metabolismo activo durante todo el día. La remolacha es una excelente manera de desintoxicar todo el sistema digestivo. Una zanahoria al día, reduce el riesgo de accidente cerebrovascular en un 68 por ciento, así que usted puede pensar dos veces antes de evitarlas verduras. Altas cantidades de nutrientes hacen de este jugo una gran manera de recargar tu cuerpo durante todo el día, acompañado de una comida sana.

- Manzanas: pueden proteger las células del cerebro contra el daño del radical libre que conduce a Alzheimer.
- Remolacha: fuente única de betaína, un nutriente que ayuda a proteger las células
- Zanahorias: el alto nivel de betacaroteno actúa como antioxidante en daño celular
- Apio: regula el equilibrio alcalino del cuerpo
- Raíz de jengibre: ayuda con problemas relacionados con la artritis
- Pepino: Rehidrata el cuerpo y repone vitaminas

Ingredientes:

- Las manzanas - 2 medianas 360g
- Betabel - 1 remolacha 175g
- Zanahorias - 4 medianas 240g
- Apio - 3 tallos, 192g
- La raíz de jengibre - 1/2 pulgar 10g
- Pepino - 1/2 pepino 150g

Cómo preparar:

- **Lave todos los ingredientes. Pele si es necesario.**
- **Licúa todos juntos para conseguir una bebida deliciosa**

Número total de calorías: 215

Vitaminas: vitamina A 1370µg, vitamina C 34,2 mg, 0.557 vitamina B-6 mg, vitamina E 2.04 mg, vitamina K 83.1µg, calcio 160 mg, hierro 2,40 mg

Minerales: Cobre 0.327 mg, magnesio 84 mg, 167 mg de fósforo, selenio 1.6µg, 1,25 mg de Zinc

29. Buena vida

"Buena vida" es vital para mantener una buena salud y puede favorecer la pérdida de peso. Es fácil de preparar y se obtienen los máximos beneficios cuando todos los ingredientes están frescos. La remolacha es gran combustible para nuestro cuerpo, contienen altas cantidades de fibra imprescindible para el cuerpo. La espirulina contiene todos los aminoácidos esenciales que el cuerpo necesita y sin duda será fundamental para conseguir reducir peso.

• Remolacha: útil para limpiar el hígado

• Apio: protege los ojos y previene la degeneración de la visión

• Espinacas: alto nivel de hierro, es un constructor de la sangre

• Espirulina: aumenta la resistencia del sistema inmunológico

Ingredientes:

• Betabel - 1 remolacha 175g

• Apio - 2 tallos grandes 128g

• Espinacas - 3 tazas de 90g

- Espirulina (seca) - 1 cucharadita de 2,31 g

Cómo preparar:

- **Lave todos los ingredientes. Pele si es necesario.**
- **Licúa todos juntos para obtener una bebida deliciosa**

Número total de calorías: 52

Vitaminas: vitamina A 308 μ g, vitamina C 14,7 mg, vitamina B6, vitamina E, magnesio 0.257 1,45 mg, vitamina K μ g, calcio 311.1 110 mg, 3 mg, hierro 12mg

Minerales: 0,291 mg magnesio, cobre 90mg, 100 mg de fósforo, selenio 2 μ g, Zinc 0,78 mg.

30. Rodillo de remolacha

Los Jugos han estado a lo largo del tiempo y son una de las mejores formas para absorber todos los nutrientes que las frutas y verduras tienen para ofrecer. El "Rodillo de la remolacha" es sencillo de preparar y debido a la ingesta baja en calorías, verás grandes resultados pronto luego de beberlo. El mejor momento del día para beber es en la mañana, para que puedas empezar el día con un gran impulso de energía para mantenerte activo.

- Remolacha: disminuye la presión arterial en un período corto de tiempo

- Zanahorias: gran fuente de betacaroteno

- Naranja: combate las infecciones virales

Ingredientes:

- Betabel - 1 remolacha 170g

- Zanahorias - 2 medio 120g

- Naranjas - 2 frutas 262g

Cómo preparar:

- **Lave todos los ingredientes. Pele si es necesario.**

• **Licúa todos juntos para una bebida deliciosa**

Número total de calorías: 115

Vitaminas: vitamina A 726µg, vitamina C 104.6 mg, vitamina B-6 0.29 mg, vitamina E 0.84 mg, vitamina K 11.1µg, calcio1,40 mg, hierro 111 mg.

Minerales: Cobre 0.211 mg, magnesio 55 mg, fósforo 102 mg, selenio 1.7µg, 0,73 mg Zinc

31. Impulso de vida

Cuando estás en un apuro, es fácil ser tentado por alimentos enlatados o procesados, que están en el mercado simplemente porque son fáciles de alcanzar. Pero más fácil no siempre es la mejor manera a largo plazo. La manera fácil de tener una merienda diaria que le proporciona todas las vitaminas es un jugo natural, y este jugo está lleno de ingredientes vitales que mejorarán tu sistema inmune y llenará tu cuerpo con lo que necesita para funcionar correcta y eficientemente.

- Remolacha: previene el cáncer
- Zanahorias: gran manera de proteger la piel contra el sol
- Apio: facilita la digestión, aumenta la pérdida de peso
- Raíz de jengibre: tiene efectos antiinflamatorios
- Col: equilibra y mantiene el nivel de pH del cuerpo
- Pimienta: colabora en la pérdida de peso
- Espinacas: mantiene la función de la musculatura y tendones.

Ingredientes:

- Remolacha - 170g

- Zanahorias - 210g
- Apio - 2 tallos, 125g
- La raíz de jengibre - 1 pulgar 20g
- Cal - 1/2 fruta 30g
- Pimiento (Chile Jalapeño) - 1 pimienta 10g
- Espinacas - 2 tazas de 60g

Cómo preparar:

- **Lave todos los ingredientes. Pele si es necesario.**
- **Licúa todos juntos para obtener una bebida deliciosa**

Número total de calorías: 107

Vitaminas: vitamina A 1457µg, vitamina C 48.4 mg, vitamina B-6 0.507 mg, vitamina E 2.04 mg, vitamina K 241.1µg, calcio 3,01 mg, hierro 155 mg

Minerales: Cobre 0.301 mg, magnesio 96 mg, fósforo mg 151, 2µg de Zinc y 1,21 mg de selenio.

32. Luchador de peso

El "Luchador de peso" hará una diferencia porque en tu lucha para deshacerse de la grasa, si lo consumes sólo un par de veces por semana. Estas frutas y verduras tienen mucho que ofrecer en sus hojas verdes y raíces. Las hojas de remolacha, tienen una alta concentración de vitaminas cuando se lavan y mezclan en su jugo.

• Manzana: debido a la pectina, ayuda a perder peso

• Hojas de la remolacha: aumentan su resistencia y lucha contra la inflamación

• Remolacha: tiene efectos contra el cáncer

• Zanahorias: mejora la visión y tiene un efecto anti-envejecimiento.

• Apio: colabora en la digestión, debido al alto contenido de agua combinada con fibra insoluble

• Raíz de jengibre: tiene un efecto analgésico

Ingredientes:

• Manzana - 1 grande 220g

• Hojas de remolacha (opcionales) - 3 hojas de 95g

• Betabel - 1 remolacha 175g

- Zanahorias - 4 medianas 240g

- Apio - 1 tallo grande 60g

- La raíz de jengibre - 1/2 pulgar 10g

Cómo preparar:

- **Lave todos los ingredientes. Pele si es necesario.**

- **Licúa todos juntos para una bebida deliciosa**

Número total de calorías: 157

Vitaminas: vitamina A 1645µg, vitamina C 45.1 mg, vitamina B-6 0.4 mg, vitamina E 2.22 mg, vitamina K 307.1µg, calcio 181 mg, hierro 3,51 mg

Minerales: Cobre 0.371 mg, magnesio 109 mg, fósforo 162 mg, selenio 1.8µg, Zinc 1,21 mg.

33. Desayuno

No hay nada más refrescante que beber pura energía por la mañana. Al beberlo diariamente, aumentas tu resistencia y pierdes peso mucho más rápido que si lo hicieras solo una vez al mes. Esto es debido al alto contenido de fibra y nutrientes. "Desayuno" también es muy bajo en calorías y contiene la raíz de cúrcuma que es un antiinflamatorio muy bueno y uno de los grandes sanadores de la naturaleza.

• Manzana: contiene laxante natural

• Zanahoria: hace maravillas para estimular el sistema inmunológico

• Apio: calma los nervios debido al alto contenido en calcio

• Raíz de jengibre: disminuye el colesterol LDL

• Limón: ideal para problemas de salud ya que contiene potasio

• Peras: tienen antioxidantes que ayudan a prevenir la hipertensión arterial

• La raíz de cúrcuma: tiene efectos antiinflamatorios potentes

Ingredientes:

- Las manzanas - 2 medianas 360g
- Zanahorias - 3 medianas 180g
- Apio - 3 tallos, grandes 190g
- La raíz de jengibre - 1 pulgar 22g
- Limones (pelados) - 2 frutas 165g
- Peras - 2 medianas 355g
- Raíz de cúrcuma - 6 pulgares 140g

Cómo preparar:

- **Lave todos los ingredientes. Pele si es necesario.**
- **Licúa todos juntos para obtener una bebida deliciosa**

Número total de calorías: 364

Vitaminas: vitamina A 1107µg, vitamina C 283.1 mg, vitamina B-6 1.025 mg, vitamina E 2 mg, vitamina K 73.6µg, calcio, hierro mg 3,41 mg 191

Minerales: Cobre 0.743 mg, magnesio 115 mg, fósforo mg 212, 1.5µg, Zinc 1,35 mg de selenio.

34. Comienzo saludable

Las papas dulces están llenas de potasio y calcio que son muy importantes, sin importar tu estilo de vida. "Comienzo saludable" es ricoen vitaminas y minerales. Prueba esta bebida unos 30-60 minutos antes de comer, para permitir que tu cuerpo pueda absorber todos los nutrientes de frutas y verduras de primero.

- Manzanas: reduce el riesgo de cáncer

- Remolacha: limpia el colon y fortalece el hígado

- Zanahoria: betacaroteno reduce el riesgo de degeneración muscular

- Naranja: estimula los glóbulos blancos para combatir las infecciones

- Pimienta: tiene efectos antioxidantes y antibacterianos

- Camote: ayuda a fortalecer el sistema inmunológico

Ingredientes:

- Manzanas - 2 medianas 360g

- Remolacha - 2 remolachas 160g

- Zanahoria - 1 grande 70g

- Naranja (opcional) - 1 fruta 135g

- Pimiento (rojo dulce) - 1 mediana 115g

- Batata – 130g

Cómo preparar:

- **Lave todos los ingredientes. Pele si es necesario.**

- **Licúa todos juntos para conseguir una bebida deliciosa**

Número total de calorías: 250

Vitaminas: vitamina A 1211µg, vitamina C 177.5MHz mg, vitamina B-6 0.735 mg, vitamina E 2.51 mg, vitamina K 18.1µg, calcio 118 mg, hierro mg 2,31

Minerales: Cobre 0.35 mg, magnesio 85 mg, 167 mg de fósforo, 1.8µg, Zinc 1,15 mg selenio.

35. Mix natural

Los jugos han sido siempre una bebida deliciosa, pero son más que eso, son una fuente de salud y con los ingredientes adecuados, pueden proporcionar todas las vitaminas que su cuerpo necesita. Esta es una receta de jugo que tiene grandes efectos de pérdida de peso y ayuda a reforzar el sistema inmune. Debes beber por la mañana o por la noche después de cenar. Vamos a ver qué grandes efectos tendrá sobre tu propio cuerpo.

• Manzana: contiene boro, para la fuerza de los huesos.

• Apio: contiene nutrientes que protegen los ojos y previene la degeneración de la visión

• Pepino: gran fuente de silicio que mejora la salud de la piel

• Diente de León verdes: ayuda a reducir el estrés y reducir el cáncer

• Col: proporciona un gran golpe nutricional con pocas calorías

• Limón: ayuda a aumenta la pérdida de peso

Ingredientes:

• Las manzanas - 2 medianas 360g

- Apio - 2 tallos, medianos 80g

- Pepino - 1/2 pepino 150g

- Diente de León verdes - 1 taza, picado 55g

- Col rizada - 3 hojas 105g

- Limón - 1/2 fruta 42g

Cómo preparar:

- **Lave todos los ingredientes. Pele si es necesario.**

- **Licúa todos juntos para obtener una bebida deliciosa**

Número total de calorías: 165

Vitaminas: vitamina A 581µg, vitamina C 133.2 mg, vitamina B-6 0 mg, vitamina E 2 mg, vitamina K 854µg, calcio hierro magnesio 3,13 238 mg,

Minerales: Cobre 1.29 mg, magnesio 81 mg, fósforo 163 mg, selenio 1.4µg, Zinc mg 0,95.

36. Jugo sorpresa

La pérdida de peso siempre se ha asociado con recetas de jugos naturales, porque tienen pocas calorías y los nutrientes se absorben más rápidamente por tu cuerpo. Debe ser consumido dentro de 30-60 minutos antes de comer, y los efectos se deben sentir sólo después de una semana. Aquí están algunos grandes beneficios de este jugo que seguro mejorará tu condición de salud.

• Manzana: protege las células cerebrales del daño de radicales libres

• Zanahoria: consumo de beta-caroteno se ha ligado a reducir el riesgo de varios cánceres

• Cilantro: reduce la cantidad de grasas dañadas en las membranas celulares

• Col verde: rico en fuente de nutrientes con propiedades contra el cáncer

• Col: contiene sulforafano que ayuda a mantener un sistema inmunológico saludable

• Pimienta: tiene capacidades antioxidantes puede neutralizar los radicales libres en el cuerpo

Ingredientes:

- Manzana - 1 mediana 180g
- Zanahorias - 3 mediana 180g
- Cilantro - 1 puñado 35g
- Berza - 1 taza, picado 35g
- La col rizada - 4 hojas (8-12 pulg) 140g
- Pimiento (rojo dulce) - 1 mediana 115g

Cómo preparar:

- **Lave todos los ingredientes. Pele si es necesario.**
- **Licúa todos juntos para una bebida deliciosa**

Número total de calorías: 158

Vitaminas: vitamina A 1832µg, vitamina C 252.1 mg, vitamina B-6 0.812 mg, vitamina E 3,52 mg, vitamina K 898.1µg, calcio hierro 2,86 mg, 275 mg

Minerales: Cobre 1.61 mg, magnesio 90 mg, fósforo mg 187, 1.6µg Zinc, 1,28 mg selenio.

37. Combo de brócoli

"Combo de Brócoli" es sencillo de preparar, debes beberlo por la mañana para que puedas cargar energía para el resto del día. Si puedes beberlo cada dos días, será aún más beneficioso. Tiene un alto porcentaje de vitamina C que hacen a tu sistema inmunológico más fuerte y te dará fuerza para luchar contra problemas de salud.

• Brócoli: es rico en hierro, que es un nutriente importante para asegurar que los niveles de energía se mantengas altos.

• Col: ayuda a desintoxicar el cuerpo y regula la presión

• Col: ayuda en el correcto funcionamiento de la insulina y regula el azúcar en la sangre

Ingredientes:

• Brócoli - 1 tallo 150g

• Col - 1/2 cabeza mediana 450g

• La col rizada - 4 hojas (8-12 pulg) 140g

Cómo preparar:

• **Lave todos los ingredientes. Pele si es necesario.**

- **Licúa todos juntos para conseguir una bebida deliciosa**

Número total de calorías: 117

Vitaminas: vitamina A 536µg, vitamina C 328.1 mg, vitamina B-6 0.841 mg, vitamina E 1 mg, vitamina K 1038.6µg, calcio, hierro mg 3,68 mg 321

Minerales: Cobre 1.571 mg, magnesio 102 mg, fósforo 241 mg, selenio 4.3µg, Zinc 1,41 mg.

38. Jengibre tropical

Si planeas tener una dieta saludable y perder peso, debesincorporar esta receta de jugo en tu menú. El«Jengibre tropical» está lleno de vitaminas y nutrientes que no sólo benefician tu cuerpo, sino también aumentan tus niveles de energía durante todo el día. Para esta receta necesitarás los ingredientes mencionados y la recomendación es que lo bebas por la noche.

• Raíz de jengibre: evita el crecimiento de tumores cancerosos y puede ayudar a disminuir la fiebre

• La col rizada: es una fuente rica de compuestos orgánico-sulfurados que combaten muchos tipos de cáncer

• Mango: contiene enzimas que ayudan a descomponer la proteína

• Naranja: contiene hesperidina que disminuye la presión arterial alta

• Piña: disminuye el riesgo de progresión de la degeneración muscular relacionada con la edad

Ingredientes:

• Raíz de jengibre - 1/2 pulgada 10g

- La col rizada - 4 hojas (8-12 pulgadas) 140g

- Mango - 1 fruta (solo pulpa) 335g

- Naranja - 1 pequeña 95g

- Piña - 1 taza, trozos 165g

Cómo preparar:

- **Lave todos los ingredientes. Pele si es necesario.**

- **Licúa todos juntos para obtener una bebida deliciosa**

Número total de calorías: 231

Vitaminas: vitamina A 625µg, vitamina C 294.2 mg, vitamina B-6 0.725 mg, vitamina E 2.24 mg, vitamina K 701.2µg, calcio 215 mg, hierro 2,25 mg

Minerales: Cobre 1.904 mg, magnesio 93 mg, fósforo mg 143, 2.5µg, Zinc 0,95 mg selenio.

39. Rey limón

Las recetas de jugos son una manera sana y moderna de asegurarse que tu cuerpo recibe todos los nutrientes importantes, minerales y vitaminas que necesita. Es mejor que este jugo se disfrute en la mañana, o también puedes sustituir una merienda diaria con él. Si bebes este jugo diariamente sentirás los efectos en tu cuerpo y mente también.

• Manzana: reduce el colesterol y disminuye el riesgo de diabetes

• Apio: regula el equilibrio alcalino del cuerpo

• Col: ayuda a mantener un saludable sistema inmunológico y tiene propiedades contra el cáncer

• Limón: previene problemas de la piel

• Espinacas: genial para bajar la presión arterial y limpiar el sistema circulatorio.

Ingredientes:

• Manzanas - medianas 4 725g

• Apio - 3 tallos, grandes 190g

• Col rizada - 2 hojas de 70g (8-12 pulgadas)

- Limón (pelado) - 1 fruta 58g

- Espinacas - 4 tazas de 120g

Cómo preparar:

- **Lave todos los ingredientes. Pele si es necesario.**

- **Licúa todos juntos para conseguir una bebida deliciosa**

Número total de calorías: 254

Vitaminas: vitamina A 679µg, vitamina C 131.4 mg, vitamina B-6 627 mg, vitamina E 3.03 mg, vitamina K 801.2µg, calcio hierro magnesio 4,11 de 251 mg

Minerales: Cobre 1 mg, magnesio 131 mg, 180 mg de fósforo, selenio 2µg, Zinc 1,10 mg.

40. Gran mezcla

Uno de los mejores métodos para perder peso y grasa está en comenzar el día con este delicioso jugo. Los pimientos ayudan a aumentar nuestro metabolismo, bajar los triglicéridos que se almacenan en nuestro cuerpo, y esto ayuda a quemar calorías con más eficacia. Estos son otros beneficios de esta receta de jugo:

• Pimienta de Cayena: bloquea la transmisión del dolor, por lo que puede ayudar a aliviar el dolor hasta cierto punto

• Apio: reduce la presión arterial alta

• Cilantro: es muy baja en calorías y no contiene colesterol

• Ajo: reduce los triglicéridos de la sangre y reduce la formación de placa arterial

• Cebolla: durante siglos, las cebollas se han utilizado para reducir la inflamación y curar las infecciones

• Tomate: tiene propiedades antioxidantes y mejora la función digestiva

Ingredientes:

• Pimienta de cayena (picante) 0,20 g

- Apio - 1 tallo grande 63g

- Cilantro - 1 puñado 35g

- Ajo - 1 diente de 3g

- Cebolla (primavera/cebolla de verdeo) - 1 mediana 14g

- Pimiento (dulce verde) - 1 mediano 115g

- Sal (Himalaya) - 1 chorrito de 0,2 g

- Tomate - tomates cherry 1 taza 145g

Cómo preparar:

- **Lave todos los ingredientes. Pele si es necesario.**

- **Licúa todos juntos para conseguir una bebida deliciosa**

Número total de calorías: 35

Vitaminas: vitamina A 156µg, vitamina C 91,5 mg, magnesio 0.370 vitamina B-6, vitamina E 1.65 mg, vitamina K 122.2µg, 63 mg, hierro 1,25 mg de calcio

Minerales: Cobre 0.200 mg, magnesio 33 mg, fósforo 70 mg, selenio 0.7µg, 0,52 mg de Zinc.

41. El jugo de la abuela

Si eres un amante del jugo, aquí tienes una buena receta para ti. Ayudará a mejorar tu metabolismo y aumentar la pérdida de peso. Es mejor que seaconsumido en la mañana o de 30 a 60 minutos antes de una comida, también puede substituir fácilmente un aperitivo con. Este jugo tiene un alto contenido de potasio y fósforo, que ayuda a liberar los síntomas de estrés. Así que si estás teniendo un mal día, puedes relajarte y disfrutar de esta bebida, le ayudará. Aquí tienes otros grandes efectos de esta receta:

• Manzana: gran fuente de fibra sin demasiadas calorías

• Zanahoria: muy rico en vitamina A, buena para mejorar la vista

• Pepino: alivia el mal aliento y rehidrata el cuerpo

• Uvas: reducen la capacidad de las células para almacenar grasa en unos 130 por ciento, ayudando significativamente en la pérdida de peso

• Pimienta: estimula los glóbulos blancos para combatir las infecciones, naturalmente, construyendo un buen sistema inmune

- Espinacas: alta alcalinidad, sus propiedades lo hacen ideales para personas que sufren enfermedades inflamatorias, como artrosis

- Tomate: mejora la salud del corazón, ayudando a bajar la presión arterial

Ingredientes:

- Manzanas (verde) - 2 medianas 355g

- Zanahorias - 3 medianas 180g

- Pepino - 1 pepino 300g

- Uvas (verde) - 15 uvas 90g

- Pimiento (dulce verde) - 1 mediana 115g

- Espinacas - 2 tazas de 60g

- Tomate - 1 mediana 115g

Cómo preparar:

- **Lave todos los ingredientes. Pele si es necesario.**

- **Licúa todos juntos para conseguir una bebida deliciosa**

Número total de calorías: 221

Vitaminas: vitamina A 1325µg, vitamina C 114.2 mg, vitamina B-6 0.701 mg, vitamina E 2.40 mg, vitamina K 270.1µg, calcio hierro 2,9 mg de 171 mg

Minerales: Cobre 0.429 mg, magnesio 112 mg, fósforo 185 mg, selenio 1.1 mg, cinc 1,31 mg

42. Fuente de minerales

No importa el tipo de estilo de vida que llevas, debes hacerte un tiempo para un saludable jugo que puede ser la excelente fuente de vitaminas y minerales. Si quieres perder peso, mejorar tu salud, o simplemente sentirte mejor, un jugo natural es todo lo que necesitas. Es un verdadero amigo cuando se trata de mejorar la apariencia de tu cuerpo, trabaja y disfruta, y el resultado será sin duda positivo. Aquí están los beneficios de esta receta de jugo.

• Manzana: una manzana por día reduce el riesgo de cáncer de mama en un 16 por ciento

• Remolacha: muy curativas para dolencias del hígado, toxicidad o bilis por alimentos, intoxicación, hepatitis.

• Raíz de jengibre: reduce la inflamación e inhibe la replicación del virus de simplex de herpes

• Limón: agrega jugo de limón y ayudará a aumentar la pérdida de peso.

• Piña: ayuda a combatir la formación de radicales libres conocidos por causar cáncer

Ingredientes:

• Apple - 1 mediana 180g

- Remolacha (de oro) - 80g de 1 remolacha

- La raíz de jengibre - 1 pulgar 24g

- Limón - 1/2 fruta 29g

- Piña - 2 rebanadas de 332g

- Calabaza pastel de especias (una pizca) - 1/4 tsp 0,42 g

Cómo preparar:

- **Lave todos los ingredientes. Pele si es necesario.**

- **Licúa todos juntos para conseguir una bebida deliciosa**

Número total de calorías: 179

Vitaminas: vitamina A 11µg, vitamina C 121.4 mg, vitamina B-6 0385 mg, vitamina E 0.35 mg, vitamina K 4.5µg, calcio 55 mg, hierro 1,53 mg

Minerales: Cobre 0,36 mg, magnesio 56 mg, fósforo 64 mg, selenio 0.8µg, Zinc 0,60mg.

43. Amigo saludable

Esta es una gran y fácil receta de zumo que te ayudará a tener resultados increíbles en la pérdida de peso, obtendrás todos los nutrientes necesarios tu cuerpo. Es una gran manera de ahorrar tiempo y potenciar al máximo tu día. Puedes substituir fácilmente un refrigerio con este jugo. Estos son los efectos de este jugo:

• Espárragos: contienen potasio, que es conocido para reducir la grasa y también es bajo en sodio natural y sin colesterol, que ayudan a tratar la reducción de peso.

• Apio: tiene alto contenido de antioxidantes, y tiene un efecto antibacteriano contra la Salmonella

• Cilantro: es un purificador de agua natural, un nutriente vital que se requiere para la formación y mantenimiento de huesos fuertes

Ingredientes:

• Espárragos – 6 unidades, medianos 95g

• Apio - 3 tallos, grandes 185g

• Cilantro - 1 puñado de 32g

Cómo preparar:

• **Lave todos los ingredientes. Pele si es necesario.**

• **Licúa todos juntos para obtener una bebida deliciosa**

Número total de calorías: 20

Vitaminas: vitamina A 131µg, vitamina C 14.2 mg, vitamina B-6 0.185 mg, vitamina E 1,63 mg, vitamina K 139.1µg, calcio, hierro mg 2,09 mg 84

Minerales: Cobre 0.218 mg, magnesio 28 mg, 75 mg de fósforo, 2.1µg, Zinc 0,63 mg selenio

44. Jugo dulce

Te divertirás haciendo esta receta de jugo, es fácil de preparar y los ingredientes son deliciosos. Así que vamos a empezar, intenta servir este jugo por lo menos 30 a 60 minutos antes de comer la próxima comida. "Jugo dulce" es una gran manera de acelerar la pérdida de peso y mejorar tu salud al mismo tiempo. Si estás listo, vamos a repasar algunos de los beneficios que puede ofrecerte:

• Remolacha: rica en carbohidratos, significa que es una fuente de energía instantánea y útil para ayudar a metabolizar la grasa

• Zanahoria: tiene una acción de limpieza del el hígado y reduce los niveles de colesterol

• Patata dulce: contiene nutrientes antiinflamatorios

Ingredientes:

• Betabel - 1 remolacha 80g

• Zanahorias - 3 medianas 181g

• Patata dulce - 1/2 63 g

Cómo preparar:

• **Lave todos los ingredientes. Pele si es necesario.**

• **Licúa todos juntos para conseguir una bebida deliciosa**

Número total de calorías: 85

Vitaminas: vitamina A 1386µg, vitamina C 11.2 mg, vitamina B-6 0.30 mg, vitamina E 0,92 mg, vitamina K 17.4µg, calcio 114 mg, hierro mg 63

Minerales: Cobre 0.165 mg, magnesio 39 mg, fósforo mg 87, 0.7µg, Zinc 0,61 mg selenio

45. Pura vida

Esta receta de jugo saludable en tu vida, trae efectos que cambiarán tus problemas de peso de una manera positiva y harán tu cuerpo más fuerte. Puedes beberlo en cualquier momento del día; sólo asegúrate de hacerlo 30 a 60 minutos antes de una comida. OK, ahora veremos lo que este jugo tiene para ofrecerte.

- Melón amargo: contiene una sustancia química que actúa como la insulina para ayudar a reducir los niveles de azúcar en la sangre

- Toronja: trabaja como un supresor del apetito excelente y también es beneficioso en el tratamiento de la fatiga

- Limón: ayuda en la curación de problemas respiratorios y ayuda a aumentar la pérdida de peso

Ingredientes:

- Melón amargo - 1 de 120g

- Pomelo - 1/2 grande 165g

- Limón (con cáscara) - 80g de fruta 1

Cómo preparar:

- **Lave todos los ingredientes. Pele si es necesario.**

- **Licúa todos juntos para obtener una bebida deliciosa**

Número total de calorías: 45

Vitaminas: vitamina A 73µg, vitamina C 142mg, vitamina B-6 0.131 mg, vitamina E 0.23 mg, folato 80µg, calcio 45 mg, hierro 0,81 mg

Minerales: Cobre 0.102 mg, magnesio 27 mg, fósforo 43 mg, selenio 0.7µg, Zinc 0,80 mg.

46. Tiempo de vitaminas

Todos queremos estar saludables, pero la mayoría de las veces nos olvidamos que tenemos que actuar de forma responsable para ello. Las recetas de jugos son una excelente manera de solucionar este problema. Un par de minutos al día y obtendrás un gran caudal de vitaminas y minerales. "Vitamina" se ajusta a la descripción de esta bebida y vamos a ver lo que tiene que ofrecerte.

• Manzana: contiene pectina que disminuye el colesterol

• Zanahoria: elimina exceso de líquidos del cuerpo y reduce el riesgo de accidente cerebrovascular

• Raíz de jengibre: ayuda a digerir los alimentos grasos y descompone las proteínas, ayudando en la reducción de peso

• Limón: inhibe el desarrollo de cáncer y aumenta la pérdida de peso

Ingredientes:

• Manzana - 1 mediana 180g

• Zanahorias – 8 medianas g 485

• La raíz de jengibre - 1 pulgar 22g

- Limón - 1 frutas g 82

Cómo preparar:

- **Lave todos los ingredientes. Pele si es necesario.**

- **Licúa todos juntos para conseguir una bebida deliciosa**

Número total de calorías: 165

Vitaminas: vitamina A 2851µg, vitamina C 56mg, vitamina B-6 0.589 mg, vitamina E 2,50 mg, vitamina K 46.8µg, calcio 132 mg, hierro 1,61 mg

Minerales: Cobre 0.242 mg, magnesio 58 mg, fósforo 145 mg, selenio 0.6µg, Zinc 0,94 mg

47. El ABC del sabor

Esta receta de jugo es mejor si se bebe en la mañana, porque es una gran manera de dar a tu cuerpo un impulso de energía, y también mantendrás tu mente enfocada y activa para el resto del día. Si estabas buscando algo que te ayude con los beneficios antes mencionados, o sólo de una receta que ayude a reducir grasa, debesintentar con este zumo. Aquí están algunos de los beneficios que tiene para ofrecerte.

• Manzana: estimula el sistema inmunológico y ayuda a desintoxicar el hígado

• Remolacha: baja la presión de la sangre, muy rica en fibra y una gran fuente de betaína, un nutriente que ayuda a proteger las células

• Zanahorias: previenen enfermedades del corazón y limpian el organismo

Ingredientes:

• Manzana - 1 mediana 180g

• La raíz de remolacha - 1 remolacha 80g

• Zanahorias - 2 grandes, 141g

Cómo preparar:

- **Lave todos los ingredientes. Pele si es necesario.**

- **Licúa todos juntos para conseguir una bebida deliciosa**

Número total de calorías: 95

Vitaminas: vitamina A 837µg. vitamina C 13 mg, vitamina B-6 0.21 mg, vitamina E 0,88 mg, vitamina K 16.1µg, calcio, hierro 0,90 mg

Minerales: Cobre 0.121 mg, magnesio mg 31, 71 mg de fósforo, selenio 0.4µg, 0,47 mg de Zinc

48. Trio de Delicias

"Trio de Delicias" es una receta de jugo simple que puede ser servidoa toda la familia, sólo asegúrate de que hacerlo de 30 a 60 minutos antes de una comida. No dudes en probarlo y ver los resultados; otorga cosas positivas a tu vida, para tu salud y el aspecto de tu cuerpo. Vamos a ver cómo prepararlo.

• Manzana: aumenta la densidad ósea, estimula el sistema inmunológico y reduce el colesterol

• Remolacha: regenera y reactiva las células de la sangre de y provee oxígeno fresco para el cuerpo

• Camote: desempeña un papel importante en nuestros niveles de energía, ánimo, corazón, nervios, piel y dientes.

Ingredientes:

• Las manzanas - 2 medianas 360g

• La raíz de remolacha - 1 remolacha 80g

• Camote - 135g

Cómo preparar:

• **Lave todos los ingredientes. Pele si es necesario.**

- **Licúa todos juntos para obtener una bebida deliciosa**

Número total de calorías: 175

Vitaminas: vitamina A 643µg, vitamina C 16,5 mg, vitamina B-6 0.331 mg, vitamina E 0,71 mg, vitamina K 7.3µg, calcio hierro magnesio 1,31 51 mg,

Minerales: Cobre 0.247 mg, magnesio 48 mg, fósforo 92 mg, selenio 0.8µg, 0,56 mg de Zinc.

49. Sabor nocturno

No hay más excusas a la hora de perder peso. "Sabor nocturno" es una receta de jugo grandiosa y perfecta para realizar. Debes beberlo por la mañana para obtener lo necesario para el resto del día. No tarda más de 5 minutos en prepararse, y durante esos 5 minutos obtendrás resultados impresionantes. Échale un vistazo a lo que espera por ti.

• Remolacha:

• Zanahoria:

• Apio:

• Pepino:

• Pera:

• Raíz de jengibre:

Ingredientes:

• Remolacha (de oro) - 80g de 1 remolacha

• Zanahorias - 3 grandes 215g

• Apio - 4 tallos grandes 255g

• Pepino - 1/2 pepino 150g

- La raíz de jengibre - 1/2 pulgar 11g

- Pera - 1 mediana 174g

Cómo preparar:

- **Lave todos los ingredientes. Pele si es necesario.**

- **Licúa todos juntos para obtener una bebida deliciosa**

Número total de calorías: 147

Vitaminas: vitamina A 1304µg, vitamina C 25mg, 0.462 vitamina B-6 mg, vitamina E 1,66 mg, vitamina K 1,82 mg, calcio hierro 1,73 mg de 158 mg

Minerales: Cobre 0.334 mg, magnesio 75 mg, fósforo mg 161, 1.7µg, Zinc, 1,15 mg selenio.

50. Tiempo de vegetales

Esta es una receta de jugo que debe probar. Si te encuentras en una dieta o deseas tener un cuerpo más saludable, esto te ayudará. Es fácil de preparar y debes beberlo por la mañana como un aperitivo extra. Los ingredientes son altos en nutrientes importantes y muy bajos en calorías, por lo que te ayudará a acelerar tu progreso. Vamos a ver qué beneficios te esperan con esta receta.

• Remolacha:combate la inflamación y baja la presión arterial

• Zanahorias: gran fuente de betacaroteno que reduce el riesgo de cáncer

• Apio: reduce el colesterol y regula el equilibrio alcalino

• Perejil: depurador de la sangre y excelente regenerador.

• Pimienta: tiene efectos antibacterianos y antioxidantes

• Rábanos: gran manera de satisfacer el hambre y mantener una baja ingesta calórica

• Tomates: la fibra, potasio, vitamina C y contenido de colina en tomates apoyan la salud del corazón

Ingredientes:

- Betabel - 1 remolacha 81g
- Zanahorias - 2 medinas 121g
- Apio - 2 tallos, grandes 125g
- Perejil - 4 puñados 160g
- Pimiento (Chile Jalapeño) (sin semillas) - 1 pimiento 13g
- Rábanos - 12 medianos 50g
- Tomates – 4 tomates pequeños 246g

Cómo preparar:

- **Lave todos los ingredientes. Pele si es necesario.**
- **Licúa todos juntos para obtener una bebida deliciosa**

Número total de calorías: 100

Vitaminas: vitamina A 1273µg, vitamina C 200,4 mg, vitamina B-6 0,51 mg, vitamina E 2.92 mg, vitamina K 1890.3µg, calcio hierro magnesio 8,45 de 254 mg

Minerales: Cobre 0.403 mg, magnesio 113 mg, fósforo 190 mg, selenio 1.1µg, Zinc 2,11 mg.

OTROS GRANDES TÍTULOS DE ESTE AUTOR

35 Recetas de Cocina para Diabéticos

Por Joseph Correa

35 Recetas para Bajar tu Presión Arterial

Por Joseph Correa

50 Batidos de Fisicoculturismo para Aumentar la Masa Muscular

Por Joseph Correa

www.ingramcontent.com/pod-product-compliance
Lightning Source LLC
Chambersburg PA
CBHW070152080526
44586CB00015B/1950